PROPOSITIONS

POUR

L'ACHÈVEMENT DES TUILERIES ET DU LOUVRE,

DEVANT FORMER UN SEUL ÉTABLISSEMENT CONSACRÉ

DANS TOUTES SES PARTIES

AUX SCIENCES, AUX LETTRES, AUX ARTS, A L'AGRICULTURE, A L'INDUSTRIE ET AU COMMERCE,

PAR A. F. MAUDUIT,

ARCHITECTE, CORRESPONDANT HONORAIRE DE L'INSTITUT DE FRANCE,
ASSOCIÉ HONORAIRE DE 1re CLASSE DE L'ACADÉMIE DES BEAUX-ARTS DE FLORENCE,
ETC., ETC., ETC.

... Le Louvre deviendra un hommage au génie de toutes les époques et de tous les peuples.

PARIS,
TYPOGRAPHIE DE FIRMIN DIDOT FRÈRES,
RUE JACOB, 56.

1848.

Avant-propos.

Extrait d'une lettre adressée à M. le ministre des travaux publics de la République Française, à la date du 26 juillet 1848, par l'auteur du projet d'achèvement des Tuileries et du Louvre, publié pour la première fois, en Janvier 1839.

. . . .

Fort de l'expérience que j'ai acquise et de neuf années de méditations sur les combinaisons dont la pensée mère du projet est susceptible, je me crois en mesure non seulement de démontrer que le parti d'isoler entièrement, comme notre plan l'indique, l'édifice destiné à recevoir notre grande Bibliothèque, en lui donnant une forme elliptique ou circulaire, est celui qui convient le mieux à un établissement qui doit contenir des dépôts d'un aussi grand prix, mais que c'est en outre le parti qui peut offrir le plus de facilités pour une exécution presque immédiate, sans qu'il soit besoin d'avoir à dépenser tout d'abord des sommes considérables.

Dans l'entretien que vous pourriez m'accorder M. le Ministre, je ferais valoir la convenance de beaucoup d'autres mesures qu'il serait impossible d'exposer dans une simple lettre. Tout ce que je puis en dire pour le moment, c'est qu'elles ont bien réellement en vue l'économie du sol, du tems, de l'argent, la plus longue durée possible des constructions et qu'elles tendent encore à procurer à l'ensemble de la disposition, ce caractère de grandeur qu'il est si désirable de lui voir donner quand nous considérons sa destination et sa position au centre d'une ville que nous avons proclamé tant de fois la Capitale du monde civilisé.

Avec une telle prétention, M. le Ministre, il ne faut point

faire de la réunion des deux palais un collège*, si richement décoré qu'il puisse être, il en faut faire un magnifique Forum, c'est à dire un établissement qui, journellement, mais plus particulièrement en certaines circonstances, comme par exemple aux époques des expositions quaternales des produits de l'industrie, puisse offrir, de tous ses points de vue, un caractère varié, monumental, pittoresque, et, si nous le pouvons, le plus splendide tableau vivant que cette capitale puisse posséder dans sa vaste enceinte, enfin, et maintenant que nous sommes en république, il en faut faire un Forum comparable aux Forum romains.

Extrait d'une autre lettre adressée le 30 août suivant à M. le président de l'Assemblée Nationale.

. . . .

Mon voeu, M. le Président, est que l'Assemblée Nationale veuille bien considérer le contenu de cet opuscule comme une pétition dont les termes peuvent être résumés ainsi qu'il suit :

« Le Citoyen Manduit, architecte, demande que l'on « profite du besoin urgent où nous sommes de plusieurs établis- « semens d'un intérêt vraiment national, et qui, chacun, « exigent un vaste emplacement, tels qu'une nouvelle Biblio- « thèque, des salles et galeries devant servir aux expositions « annuelles des beaux arts et aux expositions quaternales des

* L'auteur fait allusion à quelques projets de ses rivaux. Voyez à la page 17 de son opuscule le 1er paragraphe de l'article ayant pour titre : Avantages du parti proposé.

« produits de l'industrie, comme aussi du devoir que la crise finan-
« cière et industrielle nous impose d'ouvrir et de maintenir, durant
« quelques années, d'importans travaux propres à employer un
« très grand nombre d'ouvriers, d'artisans et d'artistes dans
« les arts qui sont le plus en souffrance, pour terminer enfin la
« disposition des Tuileries et du Louvre. »

Il me semble, Monsieur le Président, que l'achèvement d'une telle disposition, en voie d'exécution depuis près de trois siècles, si vivement désirée et sollicitée depuis quinze ans, peut mériter d'être l'objet d'un décret particulier. Aussi je pense ne commettre qu'un acte qui soit agréable au Gouvernement et à vos Collègues, en leur proposant de décider, d'abord, en principe, que les deux palais dont il s'agit, ne devront plus former à l'avenir, qu'un seul établissement consacré, dans toutes ses parties, aux progrès, ou aux intérêts des Sciences, des Lettres, des Arts, de l'Agriculture, de l'Industrie et du Commerce, et en outre, d'autoriser M. le Général Cavaignac, président du pouvoir exécutif, à former, dès à présent, une commission dont M. M. les Ministres de l'intérieur et de l'instruction publique, celui de l'agriculture et du commerce et celui des travaux publics feraient nécessairement partie, à l'effet d'arrêter le programme de cette opération qui, sous le double rapport de l'art et de la pensée, peut incontestablement faire honneur à notre République.

Paris — Autographie de Jh. Cuisinier,
rue de Harlay du palais, 15.

OBSERVATIONS IMPORTANTES.

Le livret que le lecteur a dans les mains n'est point une production récente, ce n'est pas même une nouvelle édition. La proposition qui en forme l'objet fut publiée et déjà répandue à deux reprises à Paris, la première fois en 1839 et 1840, et la seconde en 1846. On peut dire qu'à chaque époque son exposé fut accueilli généralement avec beaucoup de faveur; mais chaque fois aussi, des circonstances fâcheuses, qui ne tardèrent point à surgir, en firent considérer la distribution comme tout à fait inopportune. En 1840, c'était l'appréhension d'un conflit général et prochain en Europe, cette appréhension qui fit alors décider et exécuter l'immense opération des fortifications de la capitale. En 1846, arriva la disette des grains, qui contraignit la ville et l'État à faire des sacrifices considérables pour prévenir la famine dont la France se trouvait menacée.

Nous venons de dire que cette proposition, qui consiste à faire des deux palais des Tuileries et du Louvre, liés complétement et le plus heureusement possible l'un à l'autre, un seul établissement affecté aux progrès des sciences, des lettres, des arts, de l'agriculture et de l'industrie; que dis-je, cette proposition fut généralement accueillie avec une grande faveur, c'est la vérité. Cette pensée de réunir ainsi, ou de faire comparaître successivement, comme je l'ai entendu, dans un établissement qui leur soit commun, tous les principaux produits de l'intelligence humaine, cette pensée avait paru grande et heureuse; mais, je ne dois plus le taire, quoiqu'une enquête ouverte en février de l'an 1847, et close dans les premiers jours du mois de mai suivant, ait eu pour conclusion que, nommément en ce qui touche la Bibliothèque, dite alors *Bibliothèque royale*, aucun autre emplacement n'était plus convenable que celui indiqué sur notre plan, cependant des voix assez nombreuses avaient fait valoir, chaque fois, contre cette proposition, une objection puissante, très-fondée même, il nous faut encore le reconnaître, et telle, qu'elle pouvait faire ajourner indéfiniment l'exécution du projet.

On a dit que, placer ainsi toutes les collections artistiques et littéraires, particulièrement notre grande Bibliothèque, c'est-à-dire *le plus magnifique dépôt des richesses de l'esprit humain*, sur la place du Carrousel, dans le voisinage immédiat du palais de nos rois, c'était une imprudence insigne, attendu qu'une telle localité devait être considérée, tant qu'il y aurait des rois en France, comme un champ constamment ouvert aux mouvements des partis opposés à ce régime monarchique qui, chez nous, avait fait son temps; que c'était, conséquemment, vouer ce dépôt si précieux, le plus important de l'Europe, à des dévastations que chaque lustre qui s'écoulait rendait de plus en plus imminentes.

Eh bien! cette objection si grave, et victorieuse encore à l'ouverture de la présente année 1848, cette objection depuis cinq mois n'existe plus. Elle fut anéantie le jour où il a été signifié à la monarchie que, désormais, elle n'aura plus de domicile en France. Ce palais des Tuileries qui, habité par des rois, serait resté un obstacle éternel à la réalisation de notre pensée, ce palais devenu soudainement propriété d'une République, dans ce régime nouveau que nous avons adopté, doit nous mettre parfaitement à l'aise. Nous étions gênés, en effet, quand un roi occupait une aussi grande partie de la disposition, pour y placer tous les services que nous avions à cœur d'y voir réunis; mais maintenant, si les représentants de la France, avant de se séparer, déférant au vœu dont je me suis rendu l'organe, nous abandonnent cette spacieuse demeure, devenue sans emploi, et déjà si bien préparée pour une telle consécration, non-seulement cette formidable objection, que nous avons infructueusement combattue durant neuf années, cessera de se reproduire, mais, dans un moindre laps de temps, nos pensées pourront avoir reçu leur réalisation entière. Oui! Paris, avant neuf ans écoulés, pourrait posséder sur ce point véritablement central de sa population, sur ce point le plus fréquemment offert aux regards des nationaux qui affluent chaque jour de nos provinces, et des étrangers qui y viendraient plus que jamais de tous les points capitaux du globe; Paris, dis-je, pourrait se vanter, avec un juste orgueil, de posséder l'établissement le plus digne de nous être envié, puisque, sous une direction habile, il peut incontestablement devenir le plus magnifique, le plus grandiose, et certainement aussi le plus libéral qu'aucun peuple ancien et moderne ait jamais eu à montrer à ses émules en vraie grandeur et en générosité.

En proposant de donner pour principaux ornements, aux nombreuses salles et galeries dont cet établissement se composerait, les statues, les portraits et les bustes des hommes les plus célèbres parmi ceux dont il contiendrait les œuvres les plus renommées, j'ai dit qu'il faudrait le dédier *à toutes les gloires du monde.* Eh bien si on prend la peine de parcourir l'exposé qui va suivre jusqu'à ses dernières pages, on verra qu'en m'exprimant de la sorte, comme en demandant que les deux palais, complétement reliés l'un à l'autre, ne fassent plus à l'avenir qu'un seul établissement consacré dans toute son étendue, dans toutes ses divisions, aux sciences, aux lettres, aux arts et à l'industrie, je me suis rencontré de pensées avec beaucoup d'esprits généreux, mais plus particulièrement avec un écrivain qui, dès l'an 1843, a fait précéder les paroles qu'on a pu voir employées comme épigraphe au front de cet écrit, de celles qui vont suivre, et qui, avec cette épigraphe, résument toute ma proposition :

« *Transformons le Louvre en palais pour la royauté intellectuelle du genre humain ; qu'il devienne comme la métropole éclatante de tous les chefs-d'œuvre de l'art et de la science !*

« *La centralisation facilitera l'étude.* »

MAUDUIT.

5 août 1848.

PROPOSITIONS

POUR

L'ACHÈVEMENT DES TUILERIES ET DU LOUVRE.

Le plan annexé au présent écrit est celui que M. Mauduit, architecte de feu l'empereur Alexandre Ier, ancien membre du comité des bâtiments de St-Pétersbourg, auteur de plusieurs projets exécutés, pendant la durée de son service et depuis, pour la rectification et l'embellissement des principaux quartiers de cette résidence impériale, avait joint à l'opuscule qu'il fit paraître en janvier 1839, sous ce titre : DESCRIPTION D'UN PROJET DE BIBLIOTHÈQUE *composé à Rome en 1833, pour la ville de Paris, avec l'exposé des idées de l'auteur, touchant le meilleur parti à tirer de l'emplacement compris entre les Tuileries et le Louvre.*

Deux distributions de cet opuscule, tiré à 1,200 exemplaires, furent faites en des circonstances également défavorables. La première, commencée vers le milieu de ce mois de janvier 1839, par un envoi au Roi, au prince héréditaire, aux trois personnages qui tenaient alors les portefeuilles des ministères de l'intérieur, de l'instruction publique et des travaux publics, ainsi qu'au préfet, au conseil de préfecture, à celui des bâtiments civils, et à tous les membres de l'Institut, dut être suspendue en raison de la crise politique qui surgit dans le courant du mois de février suivant.

Onze mois plus tard, l'auteur, croyant voir les ministres en fonctions depuis le 12 mai de l'année précédente fermement établis, encouragé d'ailleurs par les nombreux témoignages d'adhésion qui lui furent adressés par les chefs de service des ministères et conseils mentionnés ci-dessus, à mesure qu'ils eurent pris connaissance de ses idées, et surtout par les termes d'une lettre qui dut être écrite sous la dictée de S. A. R. Mgr le duc d'Orléans (v. p. 33), s'était résolu à disposer entièrement des sept cents exemplaires qu'il avait mis en réserve; et, en effet, il les fit distribuer en un même temps à tous les nouveaux membres du grand conseil du roi et à tous ceux du corps législatif.

Les lettres d'envoi aux présidents de l'une et de l'autre chambre se résumaient dans les termes suivants :

« M. Mauduit, architecte, demande que l'on profite du « besoin urgent où nous sommes de plusieurs établissements d'un intérêt vraiment national et qui, chacun, « exigent un vaste emplacement, tels qu'une nouvelle bi- « bliothèque et des salles devant servir aux expositions « annuelles des beaux-arts et à celles des produits de « l'industrie, pour terminer enfin la disposition des Tui- « leries et du Louvre. »

L'honorable M. Alphonse Denis, à qui ses confrères de la chambre des députés ont presque toujours recours quand ils ont à voter sur des questions intéressant les lettres et les beaux-arts, chargé par la commission nommée suivant l'usage, du rapport à faire sur cette proposition, avait montré tout d'abord les dispositions les plus favorables aux idées du signataire de la pétition ; mais son travail n'était pas commencé que les circonstances avaient cessé de paraître opportunes. Le rapport ne put être lu à la chambre que le 20 juin, au moment de la clôture de la session, et quand, déjà sous l'influence d'un nouveau ministère, l'opinion cédait généralement en France aux suggestions d'une guerre imminente..... Pendant les cinq années qui se sont écoulées depuis lors, tous les fonds disponibles durent être affectés aux fortifications de Paris.

En nous voyant reproduire aujourd'hui ces mêmes idées, on ne manquera pas de nous demander s'il nous semble que le moment d'y donner suite est devenu cette fois réellement opportun ; on nous rappellera qu'il reste encore à pourvoir aux dépenses de l'armement de ces fortifications de notre capitale ; on étalera sous nos yeux le plan de l'immense réseau de chemins de fer qui doit relier, d'ici à cinq ou six ans, cette même capitale à tous les points importants de nos frontières, aussi bien qu'à tous les principaux ports qui nous mettent en relation avec les États des divers continents. On fera de plus retentir à nos oreilles ce chiffre de 93 millions votés récemment par nos deux chambres pour remonter convenablement notre marine.....

A ces puissantes objections, nous n'avons qu'une observation à faire : c'est qu'il ne nous semble pas croyable que le peuple français, ce peuple qui a pu se vanter, sans trop d'inconvenance jusqu'ici, de tenir le premier rang dans la civilisation européenne, et particulièrement d'aimer, d'honorer mieux que tout autre peuple les beaux-arts, puisse supporter qu'on laisse encore durant un grand laps de temps l'emplacement de la principale résidence de ses rois, celui qui positivement est le plus exposé aux regards et aux observations des étrangers qui y affluent journellement de toutes les contrées de la terre, dans l'état dégoûtant, il faut bien employer cette expression, où il se trouve depuis déjà bien près d'un demi-siècle. Nous aurions eu une bien fausse opinion de l'esprit patriotique de nos artistes, de tous nos lettrés et même de nos compatriotes habitant la province, qui se montrent chatouilleux en fait d'amour-propre national, si d'ici à peu d'années un cri général ne s'élevait pour demander qu'on s'occupe enfin de terminer la grande disposition des Tuileries et du Louvre.

Si quelque fait de ce genre doit arriver; si, comme cela nous paraît probable, l'exécution de travaux d'un si grand intérêt n'est déjà plus pour nous qu'une question de temps, ne convient-il pas de s'y préparer un peu à l'avance, en discutant et adoptant des points généraux, afin que d'ici là on ne puisse faire de fausses opérations, soit en formant ailleurs des établissements susceptibles d'entrer plus heureusement que tous autres dans cette vaste composition, soit, au contraire, en laissant construire, comme on l'a fait depuis peu sur l'emplacement de l'ancien théâtre du Vaudeville, en laissant, disons-nous, construire sur le terrain que nous désignons des édifices publics et particuliers qui, par leur condamnation indispensable, devront, le moment venu, augmenter la masse des sacrifices?

La première question à poser, et dont il conviendrait de s'occuper dès à présent, serait donc celle de savoir si on accomplira les vues qu'ont fait naître, sous le règne de Napoléon, les dévastations causées par l'explosion de la machine infernale et l'existence de la galerie dite du

Louvre, en s'attachant à faire de ce palais, de celui des Tuileries, de tout ce qui devra s'élever sur cet emplacement déjà si bien préparé, la plus grande, la plus heureuse, la plus remarquable disposition qu'on aura eue à citer dans les temps modernes, en n'y admettant que des établissements tellement en rapport les uns avec les autres, que leur ensemble paraisse avoir été conçu dans un même temps et par un même esprit; ou si, au contraire, sacrifiant à de mesquines, ou, pis encore, à de misérables considérations cette pensée de doter notre capitale d'un établissement que, faute d'une localité aussi vaste et aussi centrale, aucun autre peuple contemporain ne pourrait reproduire, on se contentera de la seule galerie qui unit en ce moment l'ancienne et la nouvelle résidence de nos monarques, se bornant à nettoyer, à niveler, régulariser à plus ou moins de frais les localités diverses, les édifices disparates qui se trouvent compris entre l'étroite cour du Musée et l'immense terrain du Carrousel, ouvrant peut-être, de l'une à l'autre place, comme on l'a proposé nouvellement, une espèce de rue hors de proportion dans ses rapports de largeur et de longueur, avec tous les lieux environnants, et qui, soit qu'on la dirige vers l'arc de triomphe, soit qu'on établisse son axe sur le prolongement de l'axe du Louvre, ne pourra que maintenir à jamais chez les générations qui se succéderont après la nôtre, le regret que les grands pouvoirs de l'État et les administrations de nos jours n'aient pu s'entendre pour faire un meilleur choix entre tant de partis qui leur ont été proposés.

Cette première question décidée en faveur du parti

le plus susceptible de faire honneur tout à la fois à nos artistes, à nos édiles, à notre gouvernement et à notre époque, il conviendra encore d'examiner, préalablement aux projets partiels, laquelle des dispositions qui auront été projetées, en vue de réunir ainsi, sous l'œil et la protection naturelle de nos rois, toutes nos plus importantes collections et expositions littéraires et artistiques, laquelle de ces dispositions, disons-nous, sera préférable sous les rapports de la convenance des divers services, de l'économie du sol, du temps et de l'argent, de la facilité de l'exécution et des effets pittoresques que l'architecte doit, autant que les localités le lui permettent, s'attacher à produire.

Enfin viendra la question de savoir, et c'est là, selon ce qu'il nous paraît, que gît la plus grande difficulté, la question de savoir qui de la ville, de l'État, ou de la couronne devra faire les frais de ces beaux travaux. C'est la dernière question que M. Mauduit s'est posée. Or, voici où l'examen de cette question l'a conduit :

« Il me semble, s'est-il dit, que, dans les circonstances actuelles, les travaux dont il s'agit ne peuvent être entrepris et accomplis par les voies communes; car la ville ne peut être imposée régulièrement, relativement à de tels travaux, puisqu'ils doivent être faits sur des terrains qu'une loi aura abandonnés à la couronne, et qui seront, en raison de cette loi, reconnus exister dans l'intérieur de son palais. D'un autre côté, nos députés, objectant la masse d'impositions qu'ils ont consenties depuis quelques années pour subvenir aux dépenses d'utilité rigoureuse qui restent à faire pour mettre notre capitale, nos autres places, nos frontières, nos côtes et tous nos ports militaires sur un pied respectable, ajourneront indéfiniment le vote des sommes à allouer, d'une part, pour obtenir l'expropriation de tant de terrains et d'édifices appartenant encore à des particuliers, et, de l'autre, pour entreprendre et parfaire l'exécution du projet adopté.

« Quant à notre roi, pouvons-nous lui demander, même en lui livrant le sol qui doit être compris dans la future enceinte, qu'il fasse exécuter à ses frais, dans un temps donné, *et qui satisfasse à nos vœux impatients*, tous les travaux que tel projet que ce soit, en le supposant des plus convenables, c'est-à-dire, *des plus sages*, pourra comporter? Louis-Philippe n'a-t-il donc pas déjà fait plus que son devoir de roi, en réparant tous les palais, tous les établissements mis à la charge de la couronne, en créant et achevant l'immense musée de Versailles?... La nation à laquelle il a voué ses facultés, sa vie, cette nation à qui on veut en vain nier les énormes sacrifices qu'il a faits, et qui ont déjà consommé les ressources de la liste civile et les siennes propres, ne peut, ni en demander, ni en espérer de lui de nouveaux, ou du moins de cette importance.

« Si donc nous tenons à nous voir promptement délivrés du tableau on peut dire *aussi triste qu'humiliant* que les abords de son palais offrent à tous moments à nos yeux et à notre pensée, puisque ce tableau semble un effet de nos discordes civiles ou d'un mauvais vouloir continu envers sa personne, que tous les Français que leur position met au-dessus du besoin, et qui apprécient, comme il convient de le faire, ce qu'il a tenté pour nous procurer la prospérité dont nous jouissons déjà, se montrent généreux à leur tour; que le grand œuvre de notre reconnaissance soit entrepris par souscription!... Et puisqu'un certain sentiment que je n'ose nommer pour le moment est dans la nature de la démocratie aussi bien que dans celle de l'aristocratie, tâchons du moins, en cédant à son entraînement, de nous le faire pardonner dans tous les siècles à venir : faisons voir que ce sentiment peut porter à des actes magnanimes; oui, prouvons aux détracteurs de nos institutions que les grands peuples peuvent accueillir d'aussi belles pensées que les plus grands rois; et puisque Louis-Philippe, après avoir restauré Versailles aussi magnifiquement qu'il l'a fait, l'a dédié *à toutes les gloires de la France*, nous, en achevant le Louvre, en consacrant tout le sol qui sépare ce palais de celui des Tuileries à des établissements scientifiques, littéraires, artistiques et industriels, en ne faisant, de toutes ces libérales institutions réunies à sa demeure, qu'un seul établissement, dédions ce magnifique ensemble :

A TOUTES LES GLOIRES DU MONDE. »

Il n'y a point à se récrier sur cette idée d'achever notre Louvre par souscription, car le montant des fonds à fournir n'est pas tel qu'on le suppute, il n'est pas tel qu'il puisse faire considérer comme impossible l'exécution de ces beaux travaux par une semblable mesure (1). Tout doit dépendre de trois conditions, savoir : 1° que

(1) Nous supposons naturellement qu'on abandonnerait aux souscripteurs, à titre d'indemnité, le produit de la vente des constructions et des terrains appartenant à la Bibliothèque actuelle, rue Richelieu.

le projet qui obtiendrait la préférence aurait bien réellement pour but l'accomplissement d'une grande pensée, qu'il embrasserait uniquement des établissements d'un intérêt national, vraiment susceptibles de faire honneur à la France et à notre époque ;

2° Que son auteur, assez instruit pour profiter de tous les procédés économiques indiqués par la science, employant sans parcimonie, mais aussi sans profusion, les matériaux convenables, s'attacherait, dans l'exécution, à frapper les sens plus par l'ordonnance générale, la beauté des proportions et l'harmonie des diverses parties, que par la multiplicité des détails, le nombre et la richesse des ornements ;

3° Enfin, que la commission chargée de la direction suprême s'astreindrait à suivre, sans extension aucune, le tracé que les souscripteurs pourraient avoir raisonnablement en vue, lequel devrait être de compléter la réunion désirée des Tuileries au Louvre, en faisant de ces deux palais et de tout ce qui devrait être compris dans la périphérie nouvelle un seul établissement, largement isolé des édifices particuliers environnants, soit, mais pas au point de pousser le sacrifice des édifices particuliers au delà de ce qui est désirable pour faire convenablement cet isolement.

En nous exprimant comme nous venons de le faire, nous avons tout simplement tracé le programme que l'auteur du plan joint à cet écrit, se supposant chargé tout à la fois de la composition du projet et de la direction de son exécution, s'était donné à Rome en l'an 1833. Nous ne pousserons pas plus loin l'exposé de ses idées, en ce qui concerne la disposition générale comprenant les deux palais, attendu que le plan gravé et les termes du renvoi mis en regard de ce plan les font suffisamment connaître : quant à celles de ses pensées qui ne peuvent être rendues sur un plan et sur un renvoi naturellement concis, nous préférons reproduire ses propres paroles dans les extraits qui vont suivre et que nous tirons de sa publication de l'an 1839.

Nous croyons seulement devoir faire savoir, avant de finir cet article, que M. Mauduit, en remettant au jour de telles idées, n'a été excité à les reproduire que par le seul sentiment d'affection qu'il a porté en tout temps aux beaux-arts. Pour écarter toute mauvaise pensée que l'on pourrait avoir relativement à un zèle qui peut paraître exagéré, pour convaincre qu'en sollicitant ainsi itérativement l'exécution de ces importants travaux, il n'est mû, du moins, par aucune prétention personnelle et sordide, il doit nous suffire de faire observer à nos lecteurs que l'ex-architecte de l'empereur Alexandre est maintenant, depuis près d'un an, *septuagénaire*. Or, quand on a atteint un tel âge, on peut encore se permettre de donner des avis, on peut énoncer des vœux, mais ce qu'on apprécie par-dessous tout, c'est la paix de l'âme, et, conséquemment, le repos et l'indépendance. A un tel âge, on peut aussi, quoique sans fortune, faire un sacrifice d'argent. quand il s'agit de concourir à des actes ayant pour objet l'honneur ou la prépondérance de son pays; aussi M. Mauduit n'hésite-t-il point, pour le cas où sa proposition de souscription serait accueillie, à déclarer qu'il est prêt à s'y faire admettre pour une somme de - - *trois cents francs*.

Extraits de l'opuscule intitulé : DESCRIPTION D'UN PROJET DE BIBLIOTHÈQUE, etc., publié en 1839. — *Motifs déterminants en faveur de l'emplacement du Louvre.*

L'auteur a exposé en termes concis, dans la pétition que nous avons reproduite, p. 2, du présent écrit, le but qu'il s'est proposé en s'occupant de la composition que le lecteur peut avoir en ce moment sous les yeux.

Il n'est assurément, s'était-il dit en prenant la plume pour écrire cette pétition, il n'est assurément parmi nous, parmi les provinciaux et les étrangers qui affluent journellement dans notre capitale, aucun ami de la civilisation et des progrès en toutes choses, qui ne regarde comme parfaitement fondées les instances faites au sujet de notre bibliothèque royale, et pour la formation d'un établissement propre à recevoir les expositions annuelles des beaux-arts et celles de l'industrie (1); il doit en être aussi bien peu qui n'apprécient ce qu'on

(1) Voici déjà près de quinze ans qu'on nous rappelle de temps à autre que le triste édifice de la rue Richelieu est devenu insuffisant pour contenir notre bibliothèque, qu'il nécessite d'ailleurs de grands travaux de restauration; et l'on s'avoue généralement qu'un établissement de cette nature est, sous nombre de rapports, bien mal placé, tel qu'il est, au centre d'une population vouée entièrement au commerce et à la banque, et dont le sol serait peut-être acquis par la spéculation, à un prix qui pourrait suffire aux frais de la reconstruction de ce même établissement dans une localité plus convenable. Relativement à la nécessité d'un établissement spécialement affecté aux expositions périodiques et fortuites, qui ne conçoit combien il est urgent de délivrer notre Musée des anciens maîtres de la servitude qui lui est imposée si fâcheusement de recevoir chaque

trouverait d'avantages et particulièrement d'économie à exécuter les travaux que comportent ces deux établissements sur l'emplacement que nous avons en vue. En effet, la nécessité et l'urgence de satisfaire aux deux demandes étant reconnues, il est évident qu'en y faisant droit dans un même temps, on ne donnerait sujet de se plaindre d'un ajournement indéfini à aucune des classes de postulants que l'on a également à cœur de contenter, et en réunissant ces établissements dans un seul édifice et sur l'emplacement indiqué, outre que l'on fournirait immanquablement un moyen d'en finir aux moindres frais possibles avec cette disposition des Tuileries et du Louvre, que l'on peut considérer comme étant commencée depuis les règnes de Henri II et de Catherine de Médicis, c'est-à-dire, depuis près de trois siècles, on préviendrait l'exécution d'une chose très-fâcheuse qui ne manquerait pas d'être faite un peu plus tard : car, il n'est encore personne qui ne puisse le concevoir, ce serait un acte fort préjudiciable à nos intérêts financiers, que de laisser entièrement dépourvus d'édifices un point aussi central et conséquemment aussi précieux que l'est ce vaste emplacement compris

année, pendant trois mois, l'exposition des artistes modernes (*)? et qui donc pourrait supputer sans effroi l'étendue du dommage que causerait à nos industriels, ou à nos compagnies d'assurances, la combustion simultanée de toutes les richesses que nous entassons si imprudemment dans l'immense palais de planches et de toiles que l'on construit à cet effet, tous les quatre ans, aux Champs-Élysées (**)?

(*) L'exposition ne dure que deux mois ; mais les galeries restent fermées aux études et aux étrangers, quinze jours avant, et autant après. — (**) Indépendamment du feu du ciel, combien de causes accidentelles peuvent produire un tel désastre, sans compter la méchanceté humaine, dont les temps anciens et modernes nous offrent tant d'exemples !

entre les deux palais, et il y aurait en outre une bien grande inconvenance à admettre dans l'enceinte que ces deux palais doivent former avec la galerie existante et la galerie projetée, des établissements particuliers ou d'autres appartenant à la ville ou même à l'État, mais qui ne concorderaient point, par leur nature, avec ceux que nous y voyons déjà en exercice.

A ces considérations, communes aux salles d'expositions nouvelles aussi bien qu'à la Bibliothèque, M. Mauduit en présente une autre de quelque intérêt relativement à ce dernier établissement, en ce qu'elle a pour objet de rappeler son origine et ce qui lui a valu cette qualification de BIBLIOTHÈQUE ROYALE.

« En lui assignant cet emplacement, celui du Carrousel, » est-il dit page 5 de sa description « on ne fera que réaliser, d'une manière digne de notre époque, les intentions du premier monarque qui chez nous a donné une grande impulsion aux études. En effet, la première bibliothèque publique que nous avons possédée fut établie par Charles V, dans l'ancien Louvre. Or donc, puisque le nouveau est maintenant occupé dignement par diverses branches de notre grand Musée, que pouvons-nous faire de mieux, si ce n'est de placer ce nouvel établissement au centre de la grande disposition qui doit comprendre, dans son ensemble, ce même Louvre et la résidence actuelle de nos rois ? »

Convenance de l'isolement.

En adoptant l'isolement, l'auteur du projet n'eut pas seulement en vue de préserver des établissements aussi précieux de tous les dangers qui peuvent résulter pour eux d'un contact avec des bâtisses où le feu est admis, il s'est préoccupé encore d'offrir aux architectes toute la latitude désirable dans le choix du parti qu'il leur conviendrait de prendre tant pour la décoration de l'extérieur que pour la proportion des divers ordres. Voici comme il s'explique sur ce point, page 6 :

« Indépendamment de l'avantage important qu'offre l'isolement d'un établissement de cette nature en le préservant de tout contact qui puisse lui faire courir quelque danger, j'en ai vu d'autres qui, je l'espère, seront appréciés de mes lecteurs. Par cet isolement, je me suis rendu maître d'adopter un caractère d'architecture qui, tout en satisfaisant au besoin du service, puisse encore être le plus susceptible de donner aux siècles futurs une opinion favorable de l'art en France, à l'époque où nous vivons. On conçoit que si le nouvel établissement se lie aux deux galeries entre lesquelles il doit s'élever, il sera presque impossible de le coordonner d'une manière heureuse avec elles, déjà sous le seul rapport de la décoration extérieure, à moins qu'on ne copie rigoureusement les formes de ces galeries, lesquelles ne méritent assurément point d'être multipliées; mais, de plus, on sera aussi fort gêné pour les hauteurs à donner aux divers étages, hauteurs cependant qui peuvent être déterminées par une considération bien puissante, celle de tirer non-seulement le meilleur parti, mais encore le plus de parti possible de constructions et d'un terrain qui auront coûté des sommes considérables. »

Forme ronde ou elliptique, p. 7 et 8.

« Quant à la forme ronde ou elliptique, je lui ai donné la préférence, parce que, aussi convenable pour le service de l'établissement bibliothécaire que l'isolement l'est pour la sûreté de l'établissement en général, elle est encore celle qui peut le mieux dissimuler la non-coïncidence de l'axe des Tuileries avec celui du Louvre, effet qu'on ne peut manquer d'obtenir en commençant l'édifice précisément comme je l'ai fait au point où les deux axes se rencontrent. »

Dimensions de l'édifice; caractère de son architecture.

« Je me suis assuré par mes études qu'on peut sur l'emplacement désigné, en laissant environ quarante mètres de distance entre les galeries qui doivent former les côtés sud et nord de la place, et les points les plus avancés de la circonférence du nouvel établissement, je me suis assuré, dis-je, qu'on peut sur cet emplacement construire un édifice qui couvrirait une superficie de terrain à peu près égale à celle du Colisée de Rome.

« Dans la persuasion où je suis que nous ne sommes pas encore assez riches en monuments qui rappellent les beaux temps de l'architecture antique pour négliger de saisir une si belle occasion d'enrichir notre capitale de quelque imitation de ces beaux modèles que nos jeunes artistes vont admirer et dessiner dans la ville des Césars, j'ai projeté de composer mon édifice de trois ordres, en adoptant pour les deux premiers le dorique et l'ionique du théâtre de Marcellus; le troisième ordre devrait être corinthien; la hauteur totale pourrait être approchant celle du Louvre. Le terrain dont je dispose est assez grand pour m'avoir permis de faire la galerie de pourtour double, ce qui doublerait conséquemment la quantité de livres que ce pourtour pourrait contenir; en outre, la proportion adoptée pour mes différents ordres est telle que j'ai pu, dans la hauteur de chaque entablement, en y joignant celle du stylobate de l'ordre supérieur, établir des dépôts de livres considérables, et qui, on le conçoit, permettraient aux gens affectés à ces sortes d'emplois de servir les travailleurs avec une promptitude extrême, puisque les objets demandés, soit qu'ils se trouvassent en dessus ou en dessous des salles principales, n'auraient qu'un faible espace à parcourir. »

Salle principale comparée à l'une des plus belles de l'antiquité, p. 10.

« On vient de voir que j'ai adopté pour la décoration extérieure de mon édifice un mode susceptible de rappeler, tout à la fois, l'un des plus grands et l'un des plus purs édifices de Rome; l'emplacement que j'ai en vue, et qu'il ne tient qu'à nos représentants de nous procurer, m'a permis encore de tracer, au centre de ce vaste établissement, le plan d'une salle qui puisse, à elle seule, former un véritable monument fait pour lutter, par sa grandeur et sa majesté, avec le plus bel édifice qui nous est resté tout entier de cette admirable architecture romaine; de cette architecture que, dans notre malheureuse inconstance, nous nous montrons prêts à abandonner: j'entends parler ici du Panthéon d'Agrippa.

Ainsi donc, si on adoptait mes vues, nous aussi, nous aurions un véritable Panthéon!.....»

Avantages du parti proposé. Effets pittoresques, p. 16.

« Le parti proposé d'isoler complétement notre bibliothèque, et de lui donner une forme circulaire ou approchant, offre, selon moi, de nombreux avantages. J'ai déjà dit qu'il permettrait d'adopter pour l'extérieur un style d'architecture plus satisfaisant que celui des galeries qui l'avoisinent, et qu'il met dans une parfaite indépendance sur la hauteur des ordres et des étages, ce qui permettra de tirer un parti d'autant plus grand des bâtiments qu'on aura à construire. Il est un autre avantage qui n'est point à dédaigner, et que pourtant nous négligeons beaucoup dans nos grandes entreprises. Je veux parler des effets pittoresques. On conçoit qu'un immense bâtiment circulaire, dont le contour fuit à mesure qu'on change de position, on conçoit, dis-je, qu'un tel édifice, vu de la cour des Tuileries, ou de celle du Musée, doit offrir des effets de perspective linéaire et aérienne beaucoup plus heureux que ne le pourrait faire un long bâtiment qu'on élèverait en ligne droite, parallèlement à cette cour, si riche de décoration que puisse être ce bâtiment. Si l'on fait une galerie parallèle aux Tuileries, tout l'espace compris entre cette galerie et la ligne du palais ne devient plus qu'une cour coupée en deux parties inégales par une grille : or, l'un des buts que je me suis proposés, a été de faire disparaître ce que je regarde comme une défectuosité très-réelle. Je trouve d'ailleurs qu'une succession de cours donne à tous les édifices le caractère d'un cloître ou d'un collége. Je demande à ceux de mes lecteurs qui ont vu la place Vendôme avant qu'on ait ouvert la rue de la Paix et celle de Castiglione, quel effet elle leur faisait? Si cette place a reçu un grand charme, elle le tient moins du superbe monument qui la décore, que des belles perspectives qui se sont ouvertes au sud et au nord de cette place; et si notre place Royale nous paraît triste, j'affirme qu'elle doit moins cet effet au caractère de son architecture qu'à ce qu'elle semble close partout. Le regard de l'homme n'aime point à être emprisonné. Chez-moi, point de cours autres que celle du palais des Tuileries : encore verra-t-on tout à l'heure que je propose de faire à cette cour des changements qui l'empêchent de se confondre avec la place où je désire de voir s'élever notre bibliothèque.

« Mais il est un effet résultant de l'isolement de cette bibliothèque, qui, eu égard au voisinage du palais, mérite d'être pris en considération : c'est la faculté que ce parti offre de conserver près de ce palais un grand emplacement favorable aux revues. Je ferai remarquer ici, que la dimension de mon édifice n'est pas telle qu'elle puisse empêcher de ranger tout à l'entour, des corps de troupes assez considérables, en laissant un espace suffisant pour le passage d'un nombreux état-major. Dans de telles circonstances, trois marches que je fais régner autour de mon établissement, formeraient une sorte d'amphithéâtre que le public parisien s'empresserait de couvrir, et qui ajouterait à l'effet pittoresque de la scène.

« Cette faculté de pouvoir passer les revues hors de la cour des Tuileries et sur un terrain qui offrirait un bien plus grand développement, m'a permis d'apporter, dans l'ordonnance du palais même, un changement que je crois des plus heureux..... »

Ici, l'auteur, pour faire apprécier la convenance de ce changement, expose comme il suit les défauts que les artistes reprochent généralement au palais des Tuileries :

« J'ai déjà fait remarquer, dit-il, p. 20, que la cour du palais des Tuileries se confond avec la place du Carrousel. Il est évident que, dans l'état actuel, cette cour n'est qu'une partie retranchée de la place qui l'avoisine, laquelle, soit qu'on la ferme à l'est par une galerie parallèle au palais, soit qu'on mette à nu, ainsi qu'on l'a aussi proposé, tout l'espace compris entre les Tuileries et le Louvre (ce qui, selon moi, serait très-fâcheux), ne sera toujours elle-même qu'une cour.

« En outre, le joli arc de triomphe, œuvre très-heureuse en soi, de deux de nos plus habiles maîtres, cet arc, faute d'être accompagné convenablement, noyé comme il l'est, dans un aussi vaste espace, produit sur notre esprit, il faut en convenir, un tout autre effet que celui que l'on s'était promis. Le château lui-même, vu d'une aussi grande distance qu'on le voit maintenant, et présentant un front par trop uniformément étendu, perd toute proportion. Il n'est personne qui ne soit choqué de l'incohérence de ses diverses parties ; enfin, sa distribution intérieure ne peut être telle qu'on doit le désirer dans un palais.

« Tous ces défauts que je viens d'exposer sont si réels, me paraissent si incontestables, qu'à mon avis c'est devenu non-seulement pour nous autres artistes, mais pour tout ce qu'il y a de Français amis des arts, que c'est devenu, dis-je, pour nous tous, en quelque sorte une affaire d'honneur de favoriser notre gouvernement dans ce qu'il sera jugé bon d'entreprendre pour changer un ordre de choses si propre à donner une idée défavorable et fausse du mérite de notre école. En vain objecterait-on que les défauts que je viens d'énumérer sont d'une autre époque; car la disposition dont le palais fait partie, et dans laquelle il est question de faire entrer notre grande bibliothèque, cette disposition, jusqu'ici, n'est que commencée; il paraît qu'il est donné à notre siècle de la terminer; ce sera donc à lui qu'il conviendra d'imputer les vices de cette disposition, si, en l'achevant, on ne les fait point disparaître. Pour remplir autant qu'il est en moi ce que je regarde comme un devoir, je vais dire ce que j'ai conçu en vue de parvenir à une telle fin : tout consiste à accomplir la pensée de Philibert de l'Orme..... »

L'auteur, à la suite de ces derniers mots, en vue d'expliquer en quoi consiste la pensée du grand artiste, entre dans quelques développements, dont un coup d'œil jeté sur son plan peut donner une idée suffisante; puis il achève d'énoncer, comme on va le voir, ce qu'il lui paraît convenable de faire, dans l'intérêt du service du palais, aussi bien que pour mettre cet édifice capital dans un rapport heureux avec l'arc de triomphe et tout l'ensemble de la disposition :

« Si, comme je le désire, et comme il est naturel de le faire, est-il dit p. 22, on s'attache à suivre, dans ces nouvelles bâtisses, le style du savant architecte de Catherine de Médicis, toute cette partie du grand ensemble que nous avons en vue, constituera, il n'y a point à en douter, un palais bien plus satisfaisant que celui que nous voyons, ne fût-ce que sous le seul rapport qu'il fera supposer dans sa composition, une unité de pensée.

« L'arc de triomphe, resserré dans un cadre proportionné à son volume, et ne figurant plus que comme porte du palais, paraîtra avoir toute la grandeur convenable, et enfin, le palais sera devenu susceptible d'acquérir une distribution des plus favorables. On conçoit, en effet, que tous les bâtiments de l'aile Marsan peuvent être affectés au logement des jeunes membres de la famille royale; et si, comme j'en fais le vœu, tous ceux qui ceindront la cour formée près du pavillon de Flore sont disposés pour servir aux grandes fêtes données par nos monarques, comme on ne sera dans le cas de faire qu'un usage assez rare de ce local pour de telles circonstances, toute cette partie du palais, richement décorée, et meublée d'objets d'arts, pourra former dans les temps ordinaires une sorte d'annexe de notre grand Musée; ce qui permettrait de lui donner, sur ce point, une issue bien désirée, et qui ne gênerait nullement le service du palais, si, comme je l'entends encore, on la faisait aboutir dans la cour principale qui sert communément de passage au public. »

Conservatoires de la Bibliothèque et des Musées, p. 24.

L'auteur jugeant convenable, sous nombre de rapports, de ne placer dans le grand établissement que les bureaux les plus nécessaires à son service, voudrait qu'on profitât du retrait que forme la cour du Musée (voir le plan), pour édifier, au sud-est et au nord-est de la disposition, deux bâtiments en pan coupé, assez considérables pour former chacun un hôtel. Celui du sud-est, qui tiendrait immédiatement aux bâtiments déjà existants de notre Musée, en formerait partie et augmenterait d'autant son local, et ce serait dans l'hôtel du nord-est qu'il placerait l'administration bibliothécaire.

Nivellement du sol. Opinion de l'auteur fortement prononcée pour l'emploi, en ce qui regarde le principal édifice, des formes tout à la fois simples et grandioses de l'architecture romaine, p. 25-27.

« Il me reste à dire un mot touchant le parti à prendre pour le sol, lequel est une des difficultés que les localités présentent, difficultés qu'on a pu vaincre dans d'autres projets, et que je crois avoir surmontées non moins heureusement en prenant un tout autre parti.

« L'aire de la cour de notre Musée me paraît assez sensiblement plus élevée que celle de la cour des Tuileries; il semblerait assez naturel de racheter cette différence par une pente douce; mais je pense qu'il serait plus heureux de faire abstraction de la cour du Musée, et d'établir le pavé de la grande place plutôt au-dessous qu'au-dessus de l'aire de l'arc de triomphe. Selon ma pensée, la cour du Musée, conservant son niveau actuel, formerait terrasse au-dessus de la partie centrale de la disposition; mais ayant la conviction que le charme principal d'un grand ensemble en architecture consiste dans le plus parfait rapport qu'on peut mettre entre toutes ses parties, je me garderais bien de compléter la ceinture de cette cour, déjà si étroite relativement aux grandes proportions des objets environnants; je me garderais bien, dis-je, de compléter la ceinture de cette cour par aucun portique. Je ne trace sa limite du côté de la place que par le mur de terrasse que je couronnerais par une simple balustrade décorée à peu près comme l'est à Rome celle du Capitole. Il résulterait du parti que je propose un de ces effets pittoresques dont je me plains que nous manquons généralement à Paris. Ce parti d'ailleurs ne peut avoir aucun inconvénient, puisque la cour du Louvre n'est point une voie entièrement publique, que le passage des voitures de charge y est interdit. Le service de la cour du Musée avec la grande place (voyez le plan) se ferait au moyen d'une double rampe, du reste très-douce, dont chaque branche, partant de l'axe commun au Louvre et au grand édifice, formerait une courbe à peu près parallèle à la courbe que décrit ce dernier. Si on exécute quelque jour cette idée, le Colisée français, car on pourrait donner ce nom au nouvel établissement, le Colisée français, dis-je, sera vu de nos citoyens qui sortiront de la cour du Louvre, tel à peu près que le Colisée romain se présentait aux regards des personnages de l'antiquité qui sortaient du temple de Vénus et de Rome.

« Rome!... Je me félicite d'avoir terminé l'exposition de mes idées par ce mot; il me paraît d'un bon augure.

« Rome!... Rome et ses monuments! tels sont les objets qu'il faut rappeler, de nos jours plus qu'en tous autres, à la pensée de nos artistes. Rendons justice au moyen âge, au gothique et à la renaissance; consultons ces époques de l'art dans des circonstances opportunes; exécutons même quelques palais particuliers, ou des églises sur de tels modèles; mais, quand il s'agit de tracer un projet pour la construction d'un édifice qui doit être élevé au centre de notre capitale, près de la résidence de nos monarques; un édifice qui réclame une belle et noble simplicité, et à qui sa destination impose la grandeur, c'est vers Rome, c'est sur ses monuments que nous devons porter nos regards. Telle fut en tout temps ma pensée : aussi est-ce dans le sein de cette métropole des arts que j'ai conçu et tracé l'esquisse du projet dont je viens d'exposer les principales dispositions. »

Variante pour l'emploi du rez-de-chaussée, p. 37.

L'auteur ayant modifié une de ses idées premières en proposant de consacrer tout le rez-de-chaussée, qu'il destinait d'abord au commerce, à une exposition perpétuelle des produits de l'industrie, ce qui se ferait en disposant de toutes les cases de ce rez-de-chaussée en faveur des industriels qui se seraient le plus distingués à l'exposition précédente, et leur en laissant la jouissance durant le laps de temps qui s'écoulerait d'une exposition à l'autre, termine cette proposition par ces mots qu'on peut lire page 41 :

« Telle est la pensée nouvelle que je soumets, laissant aux administrations compétentes le soin de lui donner les développements dont elle est susceptible; mais, de quelque manière qu'on envisage cette proposition, j'insiste sur la nécessité de l'accueillir, sinon par la considération d'un intérêt pécuniaire, du moins pour le charme qu'elle peut apporter dans la disposition, en fournissant un moyen très-simple de donner de la vie à la nouvelle place, que certainement la Bibliothèque royale ne pourrait seule animer en aucun temps; car ce n'est pas les cent cinquante studieux personnages qui la fréquentent, qui pourraient produire un tel effet, lors même qu'on les admettrait aux études matin et soir. Je persiste à dire que ce n'est point à l'époque actuelle qu'il convient de regarder l'admission de l'industrie dans un édifice plus particulièrement consacré aux sciences et aux arts, comme une profanation. Si j'ai insinué qu'on pourrait donner au mien le nom de *Colisée*, ce n'est pas sans motif; non, car en proposant d'y réunir les établissements en question, je le considérais bien réellement comme une sorte d'arène que j'appellerais très-volontiers *arène intellectuelle*. Je serais donc bien éloigné de regarder comme une inconvenance le parti qu'on pourrait prendre d'inscrire sur l'un des points les plus remarquables de la frise du deuxième ordre, au-dessus même de l'entrée principale qui regarde le palais de nos rois, ces mots :

AUX SCIENCES, AUX LETTRES, AUX ARTS, A L'INDUSTRIE.

Quelques pages plus haut (p. 33), M. Mauduit avait déjà eu l'occasion de dire :

« On a considéré comme une belle pensée celle de réunir toutes nos académies en un seul corps que l'on nomme INSTITUT ROYAL DE FRANCE. Eh bien, ce que je propose et qui consiste à réunir les principaux dépôts scientifiques, littéraires et artistiques dans une grande disposition d'édifices déjà commencés, et dont le palais de nos rois, protecteurs naturels des sciences, des lettres et des arts, formerait comme le frontispice, ce projet qui satisfait à l'une des nobles volontés de Napoléon, en offrant à son centre une salle que les siècles à venir pourraient en effet considérer comme un TEMPLE DE LA GLOIRE élevé par le nôtre aux hommes les plus célèbres de tous les pays, de tous les temps, un tel projet n'est que le complément d'une telle pensée.»

Aperçu des dépenses. Musée archéologique. Double usage de la salle dite PANTHÉON FRANÇAIS.

L'auteur, désireux de répondre à la question d'argent, mais pensant aussi que tant qu'on n'aura pas statué sur les points principaux, un tel devis serait une œuvre aussi inutile que fastidieuse à faire, s'est exprimé comme il suit sur ce sujet, page 34 :

«Je traiterai ce qui est relatif aux dépenses de la manière qui, pour le moment, me paraît la seule convenable.

«Remarquons que le gouvernement ne s'occupe encore que du choix d'une localité, et que le vœu public est qu'on ne laisse pas longtemps celle que j'ai en vue, dans le triste état où nous la voyons. Tout ce qu'on peut désirer maintenant est donc d'acquérir à peu près la certitude que l'entière réalisation de mes idées ne coûtera pas plus que l'exécution de tout autre projet qui, fait pour cet emplacement, présenterait des avantages égaux. C'est ce que je crois pouvoir affirmer; mais, on le comprend, tout doit dépendre de la manière dont les projets faits sur ces idées auront été conçus, et de celle dont les travaux d'exécution seront conduits.»

C'est à la suite de cette observation que M. Mauduit recommande, comme l'un des moyens les plus économiques à employer, la concentration des divers établissements sur un même point, et particulièrement sur celui indiqué, et déjà si bien disposé, que, si on lui donne la préférence, dès qu'on aura acquis ce qui reste d'édifices et de terrains qui n'appartiennent point encore à l'État ou au domaine de la couronne, il ne s'agira plus que d'achever des travaux dont on peut dire que les sept huitièmes sont déjà faits.

En attirant l'attention de son lecteur sur le plan dont il s'est décidé, peut-être un peu tardivement, à accompagner sa description; en nous invitant à comparer les nouvelles masses de bâtiments, les nouvelles rues, les nouvelles cours, les nouvelles places, avec les masses d'édifices, les rues, les cours et les places anciennes que nous pouvons reconnaître sur ce même plan, l'auteur nous met à même de nous assurer : 1° que les bâtisses et les espaces nouvellement tracés sont proportionnés tout à la fois aux divers services qu'il s'agit de réunir dans la localité proposée, et au mouvement extraordinaire qui doit se produire, à certaines époques, à l'entour ou dans l'intérieur de ces édifices; et 2°, que les dépenses nécessitées pour l'achèvement complet de la disposition que notre œil embrasse, n'ont rien d'exorbitant.

« On conçoit, dit-il page 44, alinéa 6, que dans un plan tel que celui qu'il convenait de joindre au format de cet écrit, je ne pouvais rendre compte de toutes mes pensées, et surtout des moyens à employer pour donner à des travaux d'une aussi haute importance la plus grande solidité, et pour les parfaire aux moindres frais possibles; mais, si exigu que soit ce plan, il permet cependant de juger si la disposition que je présente est susceptible d'exécution, et si elle peut être mise avec avantage en parallèle avec tout ce qui a été proposé jusqu'à ce jour pour cette localité qui a déjà exercé l'imagination de tant d'artistes.

« Je me restreindrai à faire remarquer d'abord qu'il règne effectivement assez d'espace autour de mon Colisée, pour qu'on puisse y passer des revues d'inspection (1); ensuite que la cour d'honneur des Tuileries conserve une dimension encore fort convenable pour le défilé des parades journalières. Pour s'en assurer, il suffira de consulter l'échelle; mais, pour acquérir la certitude que la cour marquée de la lettre *c*, que j'appelle cour des fêtes, et qui est la moins grande des trois, est encore une grande cour, il suffit de comparer sa superficie avec celle que présente le Palais-Royal, marqué de la lettre L, comme, en comparant la dimension des cours de mon Colisée avec la rue de Rivoli, on se convaincra également que ces cours sont assez spacieuses pour être très-utilement affectées, dans les expositions quaternales, aux objets qui, par leur nature et leur volume, exigent de vastes emplacements.

« Ce plan permet également d'apprécier (voyez aux lettres F, *f*) l'avantage que retirerait de l'exécution du

(1) Le nombre des troupes susceptibles d'y être admises peut même être très-considérable, puisqu'on pourrait en placer sur toute l'étendue des quais et de la rue de Rivoli, que l'auteur pousse aussi loin qu'il est convenable, et à laquelle il donne un débouché très-heureux, à peu près vers le centre de la rue du Coq.

projet, l'administration des musées. J'espère que l'administration bibliothécaire que je place à l'autre pan coupé, lettre G, ne se plaindra pas de la part que je lui fais; car je propose de lui donner toute la partie de la galerie neuve désignée par les lettres HH. Je pense qu'en effet il serait bon de mettre à sa disposition encore tout ce local; parce qu'il conviendrait, si on restreint sa possession dans le grand cirque, au deuxième ordre, qu'il n'y ait dans cette partie de l'établissement que la bibliothèque proprement dite, c'est-à-dire, que les livres imprimés : les objets précieux qui lui appartiennent encore, comme les manuscrits, les bronzes, les camées et les médailles, me paraîtraient plus convenablement placés dans le corps de bâtiment occupé par le directeur et les conservateurs, puisqu'ils se trouveraient là, en quelque sorte, sous leur garde immédiate. Il en est de même des salles pour les cours tenus par les professeurs, et de leur logement.

« Le parti que j'ai pris me permet de procurer à l'administration un emplacement des plus heureux pour ce que j'appellerais le *musée archéologique*, musée que je crois encore bien pauvre, probablement faute d'un local convenable. Celui que je peux donner, et qui, situé au rez-de-chaussée, se composerait de tout le dessous de la grande salle centrale (voyez lettre E), serait susceptible de recevoir les objets appartenant à l'administration bibliothécaire qui offrent plus d'intérêt aux savants qu'aux artistes, tels que le zodiaque, des cippes, des cénotaphes, des tables d'inscriptions, des urnes, des vasques, des figures égyptiennes, et autres excédant certaines proportions. On pourrait aussi y placer convenablement des objets d'architecture plus ou moins précieux, tels que des chapiteaux, des fragments de frise et de corniche de divers ordres et de différents styles, antiques, gothiques, du moyen âge, et de la renaissance.

« Pour peu qu'on examine le plan avec attention, on pourra encore s'assurer que l'exécution des dispositions que j'ai conçues, ne pourra entraîner dans des frais hors de proportion avec le budget d'un peuple comme le nôtre. En effet, si, à en juger par la description, le projet a pu paraître fort grand, on peut voir par le plan, qu'à l'exception de la salle centrale, il n'offre, partiellement, rien de gigantesque; la grandeur n'est que dans l'ensemble : c'est encore par comparaison qu'on peut se convaincre de cette vérité. Ainsi, en comparant l'édifice principal avec le palais du Louvre, dont mon plan offre seulement une moitié, on peut facilement reconnaître que celui-ci couvre une plus grande surface de terrain.

« Si donc ce que j'appelle *Colisée* est susceptible de contenir les trois établissements que j'ai en vue, cela tient au parti que j'ai pris, au choix, à la proportion des ordres que j'ai adoptés, proportion telle, que, si on voulait diminuer de quelques centimètres le module de ces ordres, on réduirait à près de moitié le local que j'ai à cœur de procurer à l'établissement bibliothécaire; cela tient enfin à l'économie que procure la réunion de ces établissements, à cette circonstance qui fait qu'un même local pourra suffire à deux de ces établissements, s'il est disposé comme je le conçois.

« Quant à la salle centrale, sans doute que, construite isolément, elle présenterait quelques difficultés d'exécution et occasionnerait des dépenses assez considérables; mais, contre-butée comme elle le serait par les quatre galeries en rayon et par les divisions des galeries annulaires dont je la ceins immédiatement, ces difficultés n'auraient rien que la science de l'architecte ne puisse surmonter facilement, et ses dépenses ne pourraient contre-balancer les avantages qu'on pourrait recueillir de son existence. Je crois, entre autres, des plus désirables qu'on puisse trouver ainsi, au centre d'une disposition dont le palais de nos rois ferait partie, une salle assez vaste pour qu'on puisse y réunir tous les grands corps de l'État, dans certaines grandes solennités, telles que la prestation du serment à l'avénement au trône, et pour les cérémonies qui peuvent avoir lieu à l'occasion de la naissance et du mariage d'un prince héréditaire.

« Si cette salle était couverte, ainsi que je le voudrais, elle offrirait à la peinture la plus grande et la plus noble page qu'on ait vue jusqu'à ce jour. J'ai dit que cette salle serait susceptible d'être considérée comme *un véritable Panthéon*, comme *un temple de la gloire*, élevé par notre siècle aux hommes les plus célèbres de tous les pays, de tous les temps, puisque, située, comme elle le serait, au centre d'une immense disposition d'édifices consacrés à recevoir les dépôts de toutes les connaissances scientifiques, littéraires, artistiques et industrielles, elle devrait naturellement offrir, pour principale décoration, les images, les statues et les bustes de tous les hommes qui font le plus d'honneur au monde, dans les sciences, les lettres et les arts. Eh bien, pour compléter cette pensée, pour justifier ce titre de *temple de la gloire*, je voudrais que la voûte par laquelle elle recevrait le jour doux qui peut convenir à sa destination, je voudrais, dis-je, que cette voûte fût peinte, et que, éclairée à la manière des dioramas, elle représentât un vaste Élysée où l'on verrait figurer les plus remarquables de ces hommes illustres, placés par groupes de contemporains, avec le costume des siècles dont ils font l'honneur. Ce serait sous ce ciel, et, si je puis le dire, à la vue de toutes ces illustrations, dont un bon nombre de nos compatriotes feraient partie, que nos rois, en prenant le sceptre, prêteraient le serment de maintenir les institutions qui nous sont chères, et s'engageraient à favoriser, comme l'auraient fait leurs prédécesseurs, le progrès de toutes les connaissances qui peuvent contribuer à la fortune, à la gloire et au bonheur des peuples.

ADHÉSIONS *aux vues principales énoncées dans le présent écrit.*

Ce ne sera pas manque d'adhésion, si la proposition que M. Mauduit a faite d'achever la disposition des Tuileries et du Louvre, en ne formant de la reprise de ces importants travaux, de la reconstruction de la Bibliothèque royale et de l'édification de salles et de galeries propres à recevoir les expositions des beaux-arts et de l'industrie, qu'une seule et même opération; si, disons-nous, cette proposition doit être encore cette fois ajournée indéfiniment. Le vœu que cet architecte fit à ce sujet à Rome, dès l'an 1833, et dont il publia les termes à Paris dans les premiers jours de janvier 1839, ce vœu a eu depuis ce temps un bon nombre d'échos qui se sont renouvelés presque chaque année. Nous avons déjà dit, page 2, qu'à la première distribution qui fut faite de l'opuscule dont nous venons de remettre au jour les traits les plus importants, la plupart des chefs de service des ministères et des conseils susceptibles d'être consultés sur le parti à prendre, s'empressèrent de donner à l'auteur des témoignages de l'intérêt qu'ils avaient pris à l'exposé de ses idées. Dans ce même temps, le feu duc d'Orléans, ce prince à qui on aurait pu croire qu'il était réservé d'accomplir, sinon de commencer cette grande œuvre, se plut aussi à faire exprimer au pétitionnaire un non moins vif intérêt, et trois ans plus tard, il voulut bien encore maintenir dans son esprit l'espoir qu'il pourrait être donné suite à ses pensées. C'est ce qu'il appert des extraits que nous allons tirer de deux lettres que M. de Boismilon, secrétaire des commandements de S. A. R., écrivit, probablement sous sa dictée, en réponse à deux communications de notre artiste.

Dans la première lettre, portant la date du 18 février de l'an 1839, on lit ces mots :

.... « S. A. R., qui me charge de vous transmettre « ses remercîments pour l'envoi de votre projet, l'a fait « placer dans la bibliothèque de son cabinet particulier....

« Je prends la liberté d'y joindre l'expression de ma « gratitude pour l'exemplaire que vous avez eu la bonté « de m'adresser, et dont la lecture m'a inspiré l'intérêt « que fait naître la solution d'un problème dont les « principales données étaient à la fois nombreuses et « assez difficiles à concilier. Je ne manquerai pas, à la

« première occasion, de provoquer l'attention de S. A. R.
« sur cet objet. »

A la date du 11 mars 1842, en réponse à un autre écrit qu'avait inspiré la vente que l'on venait de faire du terrain de l'ancien Vaudeville, lequel terrain doit immanquablement faire partie de la disposition projetée, le secrétaire de ce prince, objet de tant et de si justes regrets, s'exprimait ainsi :

.......« J'ai l'honneur de vous informer que j'ai « profité de la première occasion que j'ai pu trouver « d'appeler l'attention du prince royal sur vos nouvelles « observations. S. A. R. n'a pas été la dernière à regretter « l'ajournement qui semble indéfini du projet d'achève- « ment du Louvre et des Tuileries par la construction « d'une bibliothèque; néanmoins l'impossibilité où l'on « paraît être de fixer un autre emplacement, laisse es- « pérer que cette combinaison n'est pas abandonnée à « jamais. »

Les extraits par lesquels nous allons terminer cet écrit, feront voir que le vœu pour un prompt achèvement du Louvre est encore plus général que ne le sont ceux qui ont pour objet la reconstruction de la Bibliothèque et la création d'un établissement propre à recevoir les expositions des beaux-arts et celles de l'industrie. Il convient donc que tout ce que nous comptons parmi nous d'hommes vraiment libéraux et zélés pour ce qui peut faire honneur à notre pays, sans égard, dans cette circonstance, à la divergence de nos opinions politiques, s'accordent pour demander, tout d'une voix, s'il se peut, que l'on procède à l'accomplissement de ces divers vœux, en comprenant tous les grands travaux que nous avons en vue dans une seule et même opération.

EXTRAITS *de divers discours prononcés à la Chambre des Députés, à propos d'une proposition de faire concourir le trésor public aux frais du monument qui, depuis, fut élevé, rue Richelieu, à Molière.* (Moniteur du 6 février 1840.)

M. LE COMTE JAUBERT :..... Je m'associe avec le plus grand empressement à toutes les propositions qui tendront à faire concourir l'État, dans de justes proportions, aux embellissements de la capitale, qui sont une partie intégrante de la gloire nationale. C'est dans ce sens, Messieurs, que je désire soumettre à la Chambre quelques réflexions suggérées par le projet de loi lui-même......

Depuis la révolution de Juillet, le Gouvernement a beaucoup fait pour les embellissements de la capitale : le conseil municipal de Paris a su remplir dans toute leur étendue les devoirs qui lui sont imposés par l'édilité dont il est investi, et les Chambres ont secondé cette impulsion avec une grande munificence.....

Comment se fait-il donc que le plus beau de tous nos monuments, *le plus national sans contredit*, soit encore soumis à un oubli insultant?......

Personne de nous n'ignore que le Louvre ne suffit pas à sa destination actuelle, que les musées sont incomplets, et qu'il faut à chacune des expositions couvrir les belles pages des écoles française, flamande et italienne, avec les nouvelles compositions, au risque de causer aux anciennes des détériorations irréparables.

Le Musée attend donc un complément. D'autre part, aussi, le vaste emplacement qui sépare le Louvre des Tuileries pourrait recevoir de la manière la plus convenable certains établissements scientifiques et littéraires, qui sont un digne accompagnement de la royauté dans un pays aussi éclairé que le nôtre.

Il est bien à regretter, Messieurs, que les propositions faites en 1833 par le Gouvernement, aient rencontré tant d'oppositions dans cette Chambre, alors qu'une aussi bonne occasion se présentait d'achever le Louvre en même temps que les monuments que j'ai cités tout à l'heure.....

Je conçois tout ce que ce sujet a de délicat, mais il faudra bien un jour le traiter dans toute son étendue.... Je ne comprendrais pas qu'une simple question de forme entre l'administration publique et la liste civile pût faire ajourner indéfiniment un pareil projet, quand, de part et d'autre, il existe un désir sincère de voir cesser l'état de choses dont nous nous plaignons. Il faudrait donc s'entendre, et le plus tôt possible......

Quoi qu'on en ait pu dire, il y a quelque temps, dans une réunion électorale tenue à Paris même, j'ai la prétention de croire que l'achèvement du Louvre est une idée extrêmement populaire, et que, si on la mettait aux voix, elle aurait la presque unanimité dans le pays. Aussi je demande que le Louvre soit achevé : *je le demande au nom des arts et de l'honneur national.*

M. Piscatory : Je n'ai pas la prétention de faire achever le Louvre à propos du monument de Molière, mais je voudrais appeler l'attention de M. le Ministre de l'intérieur sur ces baraques en planches qui sont établies le long des murs du Louvre, et qui l'exposent au plus grand danger. Il est évident que la plus légère imprudence pourrait mettre le feu à ces baraques, et que l'incendie se communiquant au Louvre lui-même, expose les plus beaux monuments des arts.......

M. DE BELLEYME : .... A la fin de la dernière session, alors qu'il s'agissait de la reconstruction du théâtre Italien, j'ai dit à la tribune que je m'empresserais de voter la loi pour réparer un sinistre; mais que j'aimerais mieux voter un crédit pour prévenir des sinistres, et à cette occasion j'ai dit que la Bibliothèque royale était menacée, et par sa situation au milieu d'un quartier populeux... (De toutes parts : Oui! oui!) et même par ses logements intérieurs.....

M. DUPIN, appuyant par sa parole les observations énoncées ci-dessus, termine son discours en disant :

.... Si l'on n'a pas encore les fonds nécessaires pour construire une nouvelle galerie, pour acheter des maisons,..... il y a au moins quelque chose de possible : ce serait de nettoyer, de déblayer, et de ne pas encombrer comme à plaisir. C'est alors que le goût du beau et de la propreté saisissant le public, il pourrait dire :

« Qu'on achève donc le Louvre! »

Extrait d'un article inséré en tête du journal la Presse *du 7 mars* 1843.

...... « Nous avons términé, non sans peine, l'Arc de Triomphe, la Madeleine, l'École des beaux-arts, l'Hôtel du quai d'Orsay, l'Hôtel de ville et le Luxembourg; laisserons-nous plus longtemps le palais du Louvre inachevé? N'est-il pas indigne d'une grande capitale de laisser, entre ses deux plus vastes et somptueux édifices, un cloaque ignoble couvert de maisons en démolition ?.....

Après tous les grands efforts que la France a faits depuis deux cents ans pour faire de Paris la capitale des monuments, n'est-il pas humiliant que le regard des étrangers n'aperçoive au pied du Louvre que de misérables clôtures de planches et d'affreuses baraques? N'est-il pas humiliant surtout que, faute d'espace pour les expositions de peinture, il ait fallu construire extérieurement une galerie de bois?... Il résulte de ces expositions annuelles, que, pendant une grande partie de l'année, on ne peut voir ni étudier les chefs-d'œuvre des écoles anciennes. L'achèvement du Louvre permettrait d'avoir des salles spéciales pour les expositions. Mais il existe une considération plus grave encore : le local de la Bibliothèque royale est devenu insuffisant pour sa destination; on ne saura bientôt plus où mettre les livres. Les salles de cours, les salles de gravures, sont évidemment trop petites. Il y a en outre inconvénient et danger à laisser le plus magnifique dépôt des richesses de l'esprit humain dans le quartier le plus populeux de Paris, entouré d'habitations de tous les côtés.........

Mais au-dessus de la question de convenance et d'utilité, nous placerons encore la question d'influence morale. Les monuments sont faits surtout pour parler à l'imagination des peuples. C'est à l'aide des grandes formules matérielles de l'architecture que les nationalités contractent l'idée de leur grandeur. Toutes les civilisations ont eu dans leur capitale une seconde capitale qui représentait à leurs yeux les plus hautes traditions politiques ou religieuses : Athènes avait l'Acropolis, Rome, le Capitole. Le Louvre est vraiment le palais historique de la France; dans ses diverses transformations, depuis Philippe-Auguste jusqu'à nos jours, il a été le centre de son histoire; les chartes d'émancipation sont datées du Louvre; c'est dans le Louvre que s'est opéré, de siècle en siècle, le long travail de fusion qui a fait le royaume de France; c'est là qu'ont été réunis, *par les soins de Charles V*, les débris précieux de l'antiquité, *que s'est fondée la Bibliothèque royale; celle-ci ne fera donc que retourner dans sa demeure natale*. Puisque la royauté s'est choisi une résidence, *transformons le Louvre en palais pour la royauté intellectuelle du genre humain; qu'il devienne comme la métropole éclatante de tous les chefs-d'œuvre de l'art et de la science; la centralisation facilitera l'étude.*

L'importance du monument proclamera l'importance des richesses qu'il renfermera, et de même que les temples étaient des hymnes à la religion, le Louvre deviendra un hommage au génie de toutes les époques et de tous les peuples. Il sera le rendez-vous des siècles morts, abrités sous le souvenir de la monarchie française.

Le temps est passé où les peuples étaient fiers de leur pauvreté....... Aujourd'hui ils ont besoin de savoir qu'ils sont riches, et ils s'enorgueillissent de leurs monuments qui racontent leur richesse et leur importance. Ils vont les visiter, ils les admirent..........

Nous devons faire de Paris le palais de l'Europe; nous devons convoquer toutes les nations voisines à nos jouissances de luxe, leur donner l'hospitalité de notre génie, leur faire visiter incessamment les merveilles de nos arts. Et soyons certains, puisqu'il nous faut apporter ici des considérations économiques, que nous retirerons bien sur les dépenses des visiteurs, l'argent employé à orner l'hôtellerie du monde. Si nous faisons des chemins de fer qui vont prendre l'étranger à nos frontières, *bâtissons une ville qui sollicite leur curiosité.*

.... Lorsque nous possédons en architecture, en sculpture et en peinture la plus brillante génération d'artistes qui existe en Europe, refuserons-nous, non pas de construire, *mais d'achever* le plus splendide palais de l'Europe? Sera-t-il dit que ce règne d'industrie, d'art et de science, aura trouvé trop lourd l'héritage de ses aïeux, aura refusé de continuer leur œuvre; que deux palais seront toujours attristés par des masures; que la place le plus fréquemment traversée de Paris restera pendant une partie de l'année un océan de boue? Nous ne le croyons pas, nous avons meilleure opinion de l'esprit public et de la Chambre des députés. Ce que Napoléon entreprit au milieu des énormes subsides de la guerre, craindrions-nous de l'entreprendre au milieu des prospérités de la paix?...

Ne commençons pas de nouveaux monuments, mais achevons du moins ceux qui sont commencés. »

PARIS. — TYPOGRAPHIE DE FIRMIN DIDOT FRÈRES,
rue Jacob, n° 56.

PROPOSITIONS

pour l'Achèvement des Tuileries et du Louvre.

RENVOIS POUR LE PLAN CI-CONTRE

Palais du Louvre

Cour du Musée

Palais des Tuileries. a, *Cour d'honneur.* b, *Cour des Princes,* *Cour des fêtes.* d, *emplacement d'un escalier à double rampe vant sur ce point, de sortie à la Galerie du Musée.*

Edifice auquel l'auteur donne le nom de Colisée, *susceptible de tenir la Bibliothèque royale et des salles pour les expositions nuelles des beaux arts et les expositions quinquennales des Pro- ts de l'industrie.*

Salle centrale désignée sous le nom de Panthéon. *

Hôtel de l'Administration des Musées. f, *Cour actuelle.*

. Hôtel et dépendances de l'Administration bibliothécaire. g, *Cour classes attachés à l'établissement.*

Ponts établissant des communications de la Bibliothèque par le ée, avec le Palais du Roi, et par la galerie du Nord avec l'Admon liothécaire.

Fontaine remplaçant le château d'eau. k, *Corps de Garde.*

Palais Royal

. Port St Nicolas.

Pont des Sts Pères.

Cette vaste Salle serait décorée à l'intérieur d'une Colonnade laquelle on pourrait facilement adosser Six Etages de dépots de res, recevant leur jour du côté des cours. (V. aux lettres XX.) *Le rtour* ZZ, *plus large que ne le serait la Galerie du Musée, ait divisé en deux Galeries d'égale largeur, suivant l'indication la Ligne ponctuée, et l'on trouverait encore d'autres dépots atiqués dans la hauteur des Stylobates inférieurs et supérieurs.*

PROJET pour l'emplacement compris entre les Tuileries et le Louvre.

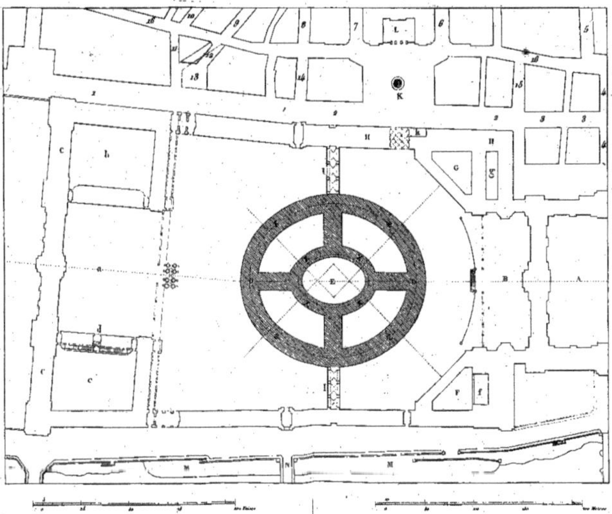

RENVOIS pour les Rues, *1, Rue de Rivoli; 2, Rue de Rivoli, prolongée; 3, Débouché de cette rue dans la Rue du Coq; 4, Rue du Coq; 5, Rue Croix des Petits Champs; 6, Rue de Valois; 7, Cour Nemours; 8, Rue Richelieu, rélargie; 9, Rue Jeannisson, idem; 10, Rue Fontaine Molière, idem; 11, Rue de l'Echelle; 12, Rue Neuve St Louis, projetée; 13, Petite Place St Louis, idem; 14, Rue Rohan; 15, Rue de la Bibliothèque, rélargie; 16, Rue St Honoré.*

www.ingramcontent.com/pod-product-compliance
Ingram Content Group UK Ltd.
Pitfield, Milton Keynes, MK11 3LW, UK
UKHW032005260826
14628UKWH00005B/2277

9 782014 454444